アイム・ハッピーBOOKS

How to Be an Excellent Mother

あげママの条件

子供を上手に育てる8つの「考え方」

大川隆法

Ryuho Okawa

まえがき

　私は一九〇〇冊にのぼる著書を刊行し、二四〇〇回に近い説法を重ね、教団運営もしながら、男の子三人、女の子二人を育ててきた。正直言って、仕事が遅く、単線型の頭だったらとうてい無理だったろう。

　子供の教育にも関心があり、自分自身でも可能な限りかかわってきたので、一見《いっけん》回《まわ》り道に見えたその経験が、仏法真理塾〈サクセスNo.1〉や幼児用の〈エンゼル・プランV〉、不登校児支援スクール〈ネバー・マインド〉、障害児支援の〈ユー・アー・エンゼル〉の運動につながった。

また、学校教育としては、学校法人〈幸福の科学学園〉という中高一貫校を、那須と関西に開いた。二〇一五年四月には、千葉に〈ハッピー・サイエンス・ユニバーシティ〉を創った。東大・京大・早慶合格を蹴《け》って入学してくる優秀な学生も多い。

本書は、教育に関する実体験と、人生学をも含んだ霊的観察もふまえて書かれたものである。たぶん、学校教育の常識を超えた宝物を、あなたは発見するだろう。

二〇一五年　八月十八日

幸福《こうふく》の科学《かがく》グループ創始者《そうししゃ》兼総裁《けんそうさい》

大川隆法《おおかわりゅうほう》

Contents

第1章　あげママの条件

3 女性としての徳を磨くには　79

第2章

あげママの条件 質疑応答

How to Be an Excellent Mother

8 Ways to Successfully

Raise your Children

イントロダクション

「あげママ」の質問から感じたニーズ

二〇一五年三月、東京正心館[*1]で法話をした際の質疑応答で、「あげママ」についての質問が出て、限られた時間のなかで十分に答え切れなかったので、こうしたテーマに集中して話す必要があるのではないかと思いました。

そういうわけで、「あげママの条件」について話してみたいと

＊1
東京正心館
幸福の科学の参拝・研修施設

思います。一回で終わるようなテーマではありませんので、ときどきチャンスがあれば考えを塗《ぬ》り重《かさ》ねていけたらと考えています。

「あげママ」という言葉があるわけではありません。しかし、勝手に流行《はや》らそうなどという声も、一部には出始めているので、流行らせていいのかもしれません。〝あげパパ〟なら、私も言う資格はちょっとだけあるのかもしれませんが（会場笑）、あげママは、本当は自信はないのです。しかし、宗教家にあって「分からない」ということは相成《あいな》らぬことで、キリスト教であろうと、仏教であろうと、また独身《どくしん》であっても、結婚問題や夫婦問題、親子問題は職業上、答えていますので、「できない」ということがあってはならないと思っています。

勉強ができるだけの場合の落とし穴

このテーマを話そうと思ったもう一つの理由に、幸福の科学学園や、今春開学したHSU[*2]における教育ということがあります。私の教えのなかでは、内容的には男女とも同じようなことを教えていて、「勉強をしっかりしないと偉い人にはなれませんよ」といったことをずっと言っています。

＊2
ＨＳＵ（ハッピー・サイエンス・ユニバーシティ）
2015年春、千葉県長生郡に開校した本格私学（創立者：大川隆法）。「幸福の探究と新文明の創造」を建学の精神とし、人間幸福学部、経営成功学部、未来産業学部からなる。（2016年には未来創造学部開学予定）

そう信じて頑張ったのに、結果、大学時代に、「あれ？ ちょっと扱いが違うなあ」というようなことが起きる場合があるようです。勉強ができるだけでは尊敬されず、逆にいじめられたり、意地悪を言われたりするようなことがあってショックを受ける方もいらっしゃいます。

社会人になってからも、「あれ？ 勉強をしっかりやったら、大人物になれるはずだったのに、何だか、男子から嫌われたり、女子からも嫌われてしまう。どうしてこうなるのかな、話が違うじゃないですか」ということではちょっと教えに問題があるのではないかということで、若干《じゃっかん》、信仰心がふらつく方もいらっしゃるようです（笑）。

「万人に通用する教え」と、「立場相応に変化する教え」

幸福の科学でも、女子で職員として入った方で同じようなことがあります。勉強を一生懸命にやってきたら認められるということだったのに、女性が本来できなくてはいけないことが、何もできないのではないか、ということで男性からも同性からも、いびられるわけではありませんが、〝磨《みが》き〟をかけられることが多くて、どうしたらよいか分からない、という声もあります。こういうことだったら、勉強はほどほどにして、もう少し〝女性修行《しゅぎょう》〟に励んでおけばよかった、といった声も聞こえてきます。

私なりに、心の教えとしてつけ足さなければいけないところもあるかと感じています。万人に通用する教えもありますが、その人の置かれた立場相応に応用の部分や変化していく部分はありますし、矛盾《むじゅん》する内容を含んだ教えも幾つかあります。そうでなければカバーできないものなのです。

浜辺に押し寄せていく波もあるけれど、返っていく波もあるように、教えにも正反対の動きがあるものなのです。押し寄せていくだけなら、これはただの津波です（笑）。押していくけど、引いてくるものも両方あり、打ち消し合いながら、海もそうして動いているものなのです。同じように、人間の生き方も、いろいろな面が、やはりあります。そうした観点もふまえて、本書では語っていきたいと思います。

How to Be an Excellent Mother
8 Ways to Successfully
Raise your Children

第1章

あげママの条件

1 よくできた人間となるための条件「知《ち》・情《じょう》・意《い》」

人間をつくっていく要素

まず、「あげママ」に限らずに、よくできた人間になっていくための条件を考えてみたいと思います。どういう人間であるか、あるいは、どういう人間になるのか、ということを考える上で、大事な条件の一つに「知《ち》・情《じょう》・意《い》」があり、これが人間性をつくっていくのです。

「知」は、知識の知です。「情」は、情《なさ》けという字です。「意」は、意思《いし》の意です。この「知・情・意」がメンタル面で人間をつくっていく、重要な要素だとも言われています。学校で勉強して評価される部分は、主として「知」の部分です。獲得《かくとく》した知識の量や獲得する速度、あるいは精度です。こうしたものについて測定されていき、優秀であれば、学校の先生が皆ほめてくれます。男の先生も女の先生も、勉強がよくできて、良い成果をあげたら、はめてくれると思うのです。

ですから、それが当然、自分自身の評価だと受け止め、そのままずっと通じるものだと思いがちですが、これが全部ではないとも事実です。こうした知識的な面での達成度や習熟度《しゅうじゅく》の進化によって、ある程度、知的なフィールドでの仕事が可能になる基礎ができていくことは間違いありません。しかしすべてではありません。というのは、人間の精神的生活において、やはり「知・情・意」の三つの部分が少なくともあると思われるからです。

「知」に偏《かたよ》っている人に見られる特徴

まず、「情」の部分がよく対立面として出てくることがあります。「知」の部分に特化《とっか》していくと、勉強ができる秀才がたくさんできます。みなさんも思い出せば、中学、高校、あるいは大学時代、友人や知人のなかに、すごい秀才だったという人がいるのではないでしょうか。あるいは自分がそうだったかもしれない。しかし、たいていの場合、みなさまが感じられたものは、知的に優れている場合、やはり「情」の部分が欠けているところがあると思うのです。

人に対する優しさや人間関係の付き合いの部分、あるいは、他の人の後《おく》れているところや足りない点を補《おぎな》ったりするような試みは、「知」に偏《かたよ》っている人には時間の無駄《むだ》や迂回《うかい》に見えるところがあります。やはり学生時代で見れば、自分の知的アチーブメント（達成度）を高める方に時間を絞《しぼ》らないと、成功しないものです。それが普通の人間です。

いろいろなことに関心を持って、さまざまな人と付き合っていたら、勉強ができなくなります。ですから、できるだけ付き合う幅を狭《せば》めて、少ない能力を集中投下しなければ、一定のところまではいかないのが普通です。散らしたら、大体平凡になっていき、何も達成できずに終わってしまうことがあるので、その間《かん》、冷たい人間に見えるということはあります。

これは、一定の時期、何かを目指している場合は、仕方がない面もあるのです。何かを目指してやっているときに、他のことをやっていたらできないので、それに集中するというのは、仕方がない部分があります。

周囲と波風を立てずに自己実現を目指す方法

例えば、医師の国家試験に通りたいので勉強したいとか、司法試験に通りたいので勉強したい、といった場合、いろいろなものに付き合ってはいられません。同窓会やコンパなど、何だかんだと来るけれど、すべてに付き合っていたら、いつまで経《た》っても試験に受からず、一年、また一年と延びていくことになります。

ですので、付き合いが冷たくなるところはあり、これは多少、理解できます。客観的に見れば、親兄弟や友達までは理解してくれないわけではありません。

しかし「付き合いが悪く、冷たい」とか、「人情や人間味がない」と言われることに関しては、「自分はこれを目指しているのだが、頭が悪く、ちょっとやそっと勉強して受かる頭ではなく、人より多めに勉強しないと追いつかないのです。今は付き合いが悪く本当に心苦しいのですが、いつかコンパをやらせてもらいますから」と言葉を足して理解してもらい、人間関係を悪くしすぎないようにはしたほうがよいと思います。

しかし、分かってくれる人は、最初から分かってくれます。勉強が大変だと思ったら、負担をかけないよう、余計《よけい》なことを耳に入れない親もいます。私の両親なども、「親が死んでも知らせるな」といったことを言う親でありました。「学問で身が立つまでは、親が死のうが関係ない」といった考え方でしたので、ちょっと古いのかもしれませんが、ありがたいことであったかと思います。

人間関係のバランスを取る「情」の発揮

そのように、他の人の理解で助けられる面もありますが、「そんなことでは許されないのだ」という考え方も当然あります。学生なら、何とか逃げられる面もありますが、社会人になって会社に勤めているとなると、さすがに許されない面はあります。

例えば、早く帰って資格試験の勉強をしたいと思っても、「何？わしの酒が飲めんというのか」といった感じでやられたら、なかなか逃げられるものではありません。「俺の杯《さかずき》を受けられないというのか」「先週は誰それと飲みに行っただろうが」などと言われて（笑）。そうしてだんだんとたぐり寄せられて逃げられないようになっていきます。

人間関係としてはそういう面があり、そうした会社のカルチャーに浸《つ》かっていてもいいわけですが、そのようななかでも自己実現を目指して、いろいろな勉強をしている方もいらっしゃいます。そういう人は、時間を作らなくてはいけませんので、どこか冷たく見えるところがあり、そのあたりのことは、責められる点はあるのではないかと思います。

ただ、これはやっぱり「情」の部分です。足りない点は足りない点として自己認識をした上で、仕事中の休憩《きゅうけい》時間などに、ひとつの触れ合いの時間を持つチャンスがないわけではありません。そうしたことをして、少し心を砕くなり、配慮したりする努力はした方がいいのではないかと思います。

ニューヨーク赴任《ふにん》前の苦《にが》いエピソード

単に「知的であること」が、イコール「冷たいこと」、「人間関係が駄目《だめ》なこと」といった〝等式〟ですべて結ばれていくのは悲しいことです。

私だって「ちゃんと努力しているじゃないか」と言われたこと

はあるのです。商社マン時代、入社約一年でニューヨークに研修生で赴任《ふにん》しましたが、私はそれほど思っていなかったのですが、入社前に〝鳴《な》り物《もの》入り〟で入ったらしいので、〝敵〟はいっぱい待ち構えていて、何かあったら足をすくってやろうという人たちは大分いました。

ニューヨーク行きが決まった後、赴任まで半年ぐらいありましたが、アメリカの本社から悪口がたくさん飛んでくるのです。「あいつはもう人間じゃない」と。人を人とも思わない、先輩を先輩とも思わない、上司を上司とも思わない、といった悪口がたくさん飛んできて、人を〝大江山《おおえやま》の鬼〟みたいな言い方をしてくるので（笑）、日本で私を叱っていた上司でさえ、「ここまで言うのは さすがに許せん」と怒り始めたことがありました。毎日見ている人間が大丈夫だと言っているのに、見てもない人間がこんなことを言ってくるというのは、絶対に許せないと。「悪口を流してるやつはとっ捕《つか》まえてやっつける」と、上司がカンカンになって怒っていたのを覚えています。

これは、「情」の部分です。この情の部分が、やはり十分に埋まってないところや、付き合いの下手《へた》なところ、手を抜いたところ、省《はぶ》いたところが祟《たた》っているのです。

「徳」が発生する要因とは

付き合いなどを省いたりすると、この情の部分を欠き、知の部分に特化したところがいろんな方面から逆襲《ぎゃくしゅう》されてやられたりしている面もあります。やはり、知の部分に特化して、他の部分を省いた人は、反作用が出てくることがあります。

ですから、「私はすごい勉強をして、高校から超名門に行き、一流大学に入って、就職したのに、こんな言われ方をするのは、けしからん」「三流大出の上司や先輩が、超一流の私に対してこんなに生意気なことを言うとは」といった気持ちになるのも分からないことはありません。ですが、それだけでは人間社会ではうまくいかないのです。「知的な序列」や「偏差値」、「成績の順位」や「資格」だけで全部が通るわけではないのです。

すべてに通用するような〝手形《てがた》〟というのはないのです。「徳」の発生原因というのは、むしろその反対で、相反するような特徴を併《あわ》せ持っているような人間のところに「徳」が発生します。ですから非常に知的な人間が、思いやりがあったり、情があったりすると、「あの人は勉強ができるだけでなく、意外に〝できた〟人なんだな」というふうに思われるわけです。

例えば、女子で医学部に入った人が、死体の解剖《かいぼう》をしていて、メスでシャーッと切ると気分がよくてゾクゾクしていたりします と、家で〝解剖〟されたくない人は、みんな逃げていきます。しかし、そういう人であっても、単なる〝肉食系〟と思われてはいけないので、「私、サラダづくりに凝《こ》っていまして……こんなサラダが作れるんです」などと、一生懸命〝ぶりっ子〟で話すと（会場笑）、草食系男子がホッとするようなこともないわけではありません。

身にしみた〝お付き合い〟の効用

大体において、相対立するような特徴、あるいは利点というのは、普通はなかなか両立しないものなので、それらを持っている人に対して、人は「ああ、すごいな」と思うことがあるわけです。

先ほども述べましたように、私なども、半年後のニューヨーク行きが決まると、会ってもない向こうの人から、たくさん悪口が飛んできました。普段私を怒っていた上司まで、「毎日見ているわれらが、そんなことはないと言っているのにおかしい」と怒り始めました。部長も、「お前、こんなことを言われて怒らないのか」と言い出しました。「部内の野球大会があると、日曜日でもちゃんと君は出てきて、外野で走っとったがなあ」と（会場笑）。「下手だったけれど、参加はしていたから、協調性がないとは思わない。去年の秋と春と、二回出てきてたからなあ。協調性がないというのは納得がいかん」と言っていました。

ですから、顔は出しておくものです。それを見て、「協調性がないとは言えない」と判断し、断固、向こうの言うことを聞く必要はないと言っていました。

私自身も、ズケズケとものを言う傾向があったのでしょう。うちの三男などもその傾向があるので困っているのですが、認められてくると、丸くなってくるのだと思います。認められる前までは、とんがった錐《きり》のような部分が、プスプスプスプスッと、〝一言〟となって出てくるのです。ズボッと、上司の考えの甘いところを言ってしまう面があります。それが、自惚《うぬぼ》れや自慢《じまん》と思われて嫌われることがあります。よく知っている人は、そういう人だと思って見ていますが、知らない人から見たら、高慢なことを言っているように見えることもあるので、このへんの慣れ方が大事です。

国民性によっても異なるコミュニケーション法

それから、初対面の人に対して馴《な》れ馴れしすぎる、と先輩から叱られたこともあります。確かにそういう面があり、初めて会ったのに、すぐ打ち解けた感じで、ベラベラ平気で話すので、「お前、遠慮《えんりょ》せい」と。何回か会って、だんだんと心を開いてくるように見せるのも技術なのだと言われました。「一回目より二回目、一回目より三回目と、だんだん心を開いてきて、親しくなっていく。一緒に酒を飲んだり遊んだりする理由は、ここにあるのであって、最初からフランクに、十年も付き合っているような顔をして話すのは厚かましく見えるのが分かっているのか」と言われて、「そうか、考えたこともなかった。てっきりフランクなのはいいことかと思っていた」と、私も反省したことがあります。

しかしアメリカでは、フランクであるのはよいことでした。初対面でもフランクに話すと、とても好感を持たれたので、感じ方の国民性の違いもあるのかなと思います。

日本人は、初対面の場合、ぎこちなく、緊張しているように見せなければ、礼儀を失することがあるので、だんだんに慣れていくというのが望ましいようです。ちょっとずつ、ちょっとずつ自分の意見を言い出すのが普通です。遊びの世界でも、仕事の世界でも、三回目ぐらいで本音が出てくるといった感じの付き合い方をしていきます。ですから最初からスパッといくと、時間短縮にはなるのですが、「角《かど》が立つ」ことがあって、それが難しいのです。

「知」に対する「情」の部分の配慮

以上、こうしたことも勉強してきました。そういう意味での「知」に対する「情」の部分の配慮が抜けていないかどうか、よく考えてください。

高校まではよくほめられた、あるいは大学まではよくほめられた。しかしその後、人間関係や仕事上で、人から悪く言われたり、評価が下がっていき、「おかしい」と思い、裏切られたとか、先生に嘘をつかれたと、いろいろ疑っている方は、「知」に対する「情」の部分のところが、抜けているのかもしれません。

「情」の部分の教えはないわけではなく、ちゃんと入っていいます。幸福の科学の法体系をよく読まれたら入っているので、勉強してください。

「意思」は人間性の一部

それから、「意」の部分があります。これは「意思」のところです。人間性の一部として、この意思は非常に強いところがあります。人間のタイプで見たとき、「優柔不断《ゆうじゅうふだん》」な人間もいれば、単に誰かについていくタイプの「フォロワー」としての人間もいれば、自分で決断して、道を開いていこうとする「リーダー型」の人間もいます。そうした、「意」の部分、強い意思力を持っているかどうかということも、その人の大きな特徴のひとつです。

この「知・情・意」の三つが必要なのです。「意」の部分は、どれほど自制心があるか、あるいは、難しいことをやり遂げようと粘り抜けるかどうかです。人がそうしたいと思うことをしないで、我慢するということです。例えば、麻雀《マージャン》やパチンコをしたいときに、それをしないで抑《おさ》えることができたか。あるいは、酒を飲みたいときに抑えたか。お金を使いたいときに抑えたか。異性と付き合うときに、どこまでうまくコントロールできたか、などいろいろあると思うのです。

この「知・情・意」の「意」の部分はまた、人間性の大きな特徴でもあります。「知」の人、知識を勉強した人が、「意」も強いという場合もありますけれども、必ずしもそういう人ばかりではなく、勉強はよくできるけれど、気が弱く、意思が弱い人もいるのです。答案を書くのは実に上手で、成績も良いので、「あれ？そんなに成績がいいのか。でもしゃべっているのは見たことがない」というような人もいます。就職は、成績が見られて、官庁や人手の会社などに決まったりするのですが、なかに入ってからは、多少苦労されるのではないかなあという方はいらっしゃいます。

「意」はテストの点数とは必ずしも一致しない

それは、意思は弱く見えるのに、成績はとても良くて秀才というタイプです。要するに、先生の授業を聞いて、ノートを取って丸暗記をし、答案を書くのはうまいけれども、ディベートをしたり、自分の考えを述べたりするのは苦手という方はやはりいらっしゃるのです。

「意」も人間性の一部です。人間としての交渉《こうしょう》力や、リーダーとしてみんなを護《まも》ったり、引っ張っていったりするための力になるわけです。これは、テストの点数と必ずしも一緒ではないものがあり、このへんがなかなか見抜けないところです。

学校的な見方だと、見抜くのが難しいのですが、クラブとか運動部で、県大会優勝を目指して頑張っているとか、世界大会を目指して頑張っているといった、意思の力をすごく求められる面においてて、それが分かることもあります。

そのことによって、今度は成績のほうに問題が出てきたりして、「知」のほうが、ぐらつくこともあるかと思います。それぞれちょっとバランスが崩《くず》れるところがあります。意思が強い人は、先ほど述べた「情」の部分、人の意見を聞かないで頑固《がんこ》に押し通すところがあるので、やはりもうひとつうまくいかないのです。

人間関係がうまくいかない場合の原因

また、上下関係は作りやすいけれど、横の関係は難しいという人もいらっしゃいます。この「知・情・意」の三つが、人間的な精神形成に重要なものなので、もし、勉強を一生懸命にやったのに、人間関係がうまくいかないという方は、「情」の部分と、「意」の部分に、何か欠けているものがないかどうかを考えていただきたいのです。

「勉強がよくできた私だから、ママになっても優秀なママになるはずだ」と、ストレートに等号で結んで、「高校時代も秀才で、大学時代も秀才で、もうみんなからほめられてばかりだった私が、結婚した以上、絶対にママとしても優秀、妻としても優秀、世間から尊敬されて当然」だと思っていたら、「なんだか、おかしい。うまくいかない」ということは、当然あると思うのです。これはやはり、人間は感情の動物でもあるし、意思の動物でもあるのだということを忘れているということなのです。

2 人生を懸《か》けるに足る徳目「真《しん》・善《ぜん》・美《び》」

母親の知力が高い場合の盲点

　母親の知力が高い場合、それが子供の意志ややる気を挫《くじ》く場合もあります。それは勉強だけとはかぎりません。例えば、お母さんがバイオリニストとして、プロ級の腕前だったとします。それで、子供も幼児バイオリンに通わせて、「下手ねえ、ほんとにあなたは。もう、ガラスをかきむしっているような音しか出てないじゃない」みたいな感じの言われ方をしたとします。勉強ではなくても、それは十分堪《こた》えますし、自分に才能がないのだと子供は信じこみ、やる気がなくなっていきます。

そのように、母親が優秀だったことが子供のやる気を挫くことがあるのです。そうした特殊な技能や才能を持っていることは、その人自身はほめられたことですが、他の人の可能性や意欲、あるいは、〝芽《め》の部分〟を摘《つ》んでしまうこともあります。

このような部分について客観視ができないと、失敗しているのに自分のせいとは思わず、人のせいだと思い、子供が悪いか、周りが自分の努力を認めてくれていないだけだというふうに思ってしまうことがあります。

「過ぎたるは、なお及ばざるが如《ごと》し」

プロ級の才能や知識を持てば持つほど、一般の人や子供などはすごく未熟に見えるのです。ですから、客観的には言い過ぎていることがあるのですが、本人には分からないことがあります。

あまり言うと、祟りが来るので言いにくいのですが、前の家内がいたころ、子供が小学校の高学年になって教えていたのですが、怒ってばかりいたのです。私はその授業をモニターで見ていたのですが、「これは分からないだろうなあ」と思って聞いていました。東大を出ているのは私と一緒ですが、その私が聞いていて言葉が難しく、「ああ、これはたぶん、解説が分からないだろう」と思いました。

言っている言葉が小学生には分からないのです。大学生が使うような言葉や、授業で聞くような言葉で、小学生に問題の解説をしているのです。「これはたぶん、聞いても分からない」ということが私には分かったのですが、あちらには分からなかったみたいで、その後「私が教えたのに、試験に受からないのは許せない」

と、こうくるのです。あなたが教えたから受からないのだ、とそれは言えませんでしたが（会場笑）、やはり解説が難しくて分からないのです。

「過ぎたるは、なお及ばざるが如《ごと》し（論語）」といわれますが、本当にこういうことはあります。私自身は次男で、兄がいました。親は兄のほうに一生懸命に力を入れていましたが、兄は親の面倒を見ることなく、すでに亡くなっています。手を掛けなかった次男のほうが、親の面倒を見ることになりました。

やはり、ちょっと過ぎる場合があるのです。うちの長男の場合は、小学校に上がる前ぐらいから、東大理科Ⅲ類卒の人を家庭教師につけていたのですが、私は無理ではないかと思っていました。退屈で、これは破壊するのではないかと思ったのです。

私は社会経験があるので、常識的にそれが理解できたのですが、東大理科Ⅲ類の医学部を卒業したばかりの人が、小学一年生の勉強を教えたら、教える人は簡単すぎて退屈しますし、教える側は足し算や引き算などもう毎日やっていられません。毎日毎日、計算が合うかどうかなんて、もうバカバカしくてやっていられないので、「早く、中学レベルに入ってしまいましょう」といった感じで、どんどんどんどんサーッとやっていきます。中学ぐらいになると、難しい問題が出てきて教えることも出てきます。

教える側は「繰り返し」が大事

小学一年ぐらいのレベルで、東大受験塾の「鉄緑会《てつりょくかい》」の問題集を持ってきて、数学の問題を解いたりしてやっているけれど、子供は寝始めます。分からないから寝ますが、「これぐらいは分からなきゃ駄目じゃないか」とか言っているのです。「筑駒《つくこま》（筑波《つくば》大学付属駒場《こまば》中学）を一番で受かりたかったら、中学三年まで終わっておくことだ」とか、そんなことを小学一年生に言っている人もいました。

優秀なのは分かりますが、このあたりの〝電圧〟の変え方とか、ダムを発電する場合の水量を調整する機能が足りなかったのです。自分が生きてきた道を当然だと思っていると、このへんの加減が分からないので、その年相応の人が要《い》ります。

サクセス№1[*3]などを見ると、小学校の低学年あたりでしたら、短大ぐらいを卒業した女性に教えさせています。そのほうが上手なのです。足し算や引き算、割り算、掛け算を教えるのも親切です。教える側は、繰り返し繰り返し、間違いを直しながらやらなくてはいけません。人格否定をしてはいけないのです。間違ったら、「これ間違えましたね、もう一回やってみましょう」と何回もやってできるようにしていけば、成績は上がるのです。

＊3
サクセス№1
信仰教育と学業修行を両立させている幸福の科学の仏法真理塾。

それを、間違いでもあると、「こいつは、頭脳に欠陥《けっかん》でもあるのではないか」といった目で見たら、本当に自信がなくなって、グラッと来てしまうので、とても困るのです。ですから、秀才や地頭《じあたま》がいいと思っている人ほど、傷つきやすいことがあります。

次男の中学スタート時点のエピソード

今は本を出したりもしている次男も、開成中学に行きましたけれど、英語の苦手意識を持っていて、いまだに抜けないでいます。

それもちょっと問題があって、ささやかなすれ違いではあるのですがこのようなことがありました。開成の入試は二月一日に始まり、三日に合格発表があり、開成に合格したのですが、英才教育を兼ねて、いち早く海外体験をさせたほうがよいということで、春休みにニューヨークとロンドンに連れて行ったのです。

しかし学校からは、入学までにジョギングを一日二キロできるようにしなさいという宿題が出ていました。海外に行っていたので、ニューヨークのセントラルパークを毎日走るといったことをやっていましたけれど、英語を勉強していないから、「イエス」と「ノーサンキュー」しか言えなかったような段階で連れて行ったのです。

次男はサクセス№1にちょっと入っていたのですが、海外に連れて行った分だけサクセス№1の英語の勉強が遅れていきました。毎週の小テストができなくなり、だんだんと行くのが怖くなってきたのです。何の小テストをやっているか見てみたら、一から十、ワンからテンまで書くとか、月曜日から日曜日まで曜日を書くとか、その程度の復習テストをやっているだけだったのですが、その間いなかったら、やはり出来が悪いのです。成績も一番から十番まで貼《は》り出すのですが、開成に行っているのに載《の》ってなかったら恥ずかしいと。それでだんだん塾に行けなくなるといった感じでした。あとから見たら、実につまらないことで、導入を上手にやればできたことではあるのです。

英語が話せないので海外体験をさせて、生《なま》の英語に漬《つ》け込もうというのはちょっと度が過ぎていました。本当は春休みに基礎的なところを予習しておけば、中学に入ってからも有利に、遅れずについて行けたのです。けれども、春休みにみんなが予習をして、たいてい一学期分ぐらい終わってから行っているのを、それをやらずに行ったら、学校の授業が途端に分からないということがあり、英語には苦手意識を持っていました。いまだに、引きずってはいます。このへんは、やはり導入の仕方に少し問題はあったとは思うのです。

優れたママの注意点

そのように、優れたママだと思っている方は、ときどき、背伸びをしすぎていないか見ていただきたいのです。あるいは「自分はこのぐらいできたのだから、自分よりもっとできてもいいんじゃないか」「男の子なら、特にそうあるべきなんじゃないか」と思うかもしれませんが、その年齢相応の程度や必要度はどの程度なのかを見る必要があります。もうちょっと自分よりは上に行かなくてはいけないと思って、余分に乗せて潰《つぶ》してしまうことが多いので、焦《あせ》ってはいけないのです。

特に勉強がよくできた方もそうですし、あるいは社会に出てキャリアウーマンでバリバリだった方はそういった傾向がとても強いのですが、やはり成果主義になるのです。成果を出さないと給料がもらえないような感じがして、早く成果を出してみたいのです。「これだけできる」というのをパッとみんなに見せたいところがあるので、急ぎ過ぎるところがあります。

子供を育てるには、やはり忍耐の部分が要るのです。「あげママ」になるには、忍耐と、同年代の気持ちや感情というのをよく知る必要があります。

人生を懸《か》けるに足る三つの徳目

今、「知・情・意」で話をしましたけれども、別の意味で言えば人間が求めるものとして、「真《しん》・善《ぜん》・美《び》」ということがあります。「真理を求める」というのは、学問的な態度として非常に大切なことです。勉強から学問の世界へと入っていくには、この「真を求める心」が大事で、それを求めている人が大部分という風に考えてよいと思うのです。

ところが、「真・善・美」の「善」もあります。「善とは何ぞや」というと、「善悪を分ける心」です。「正義心《しん》」や「義《ぎ》の心」です。

「義を見てせざるは勇無《ゆうな》きなり」で、悪を見逃《のが》さず、善を選び取る心も必要です。

それから、「美」というのもあります。それぞれ「人生を懸《か》けるに足る徳目」ではあると思うのです。美しさというものに惹《ひ》かれるものには、美術的なものもありますし、音楽的なものなど芸術全般にあります。小説のなかにもあるかもしれません。あるいは、人間としての生き方の美学というのもあるかもしれません。そんななかに「美」というのもあると思うのです。

この「真・善・美」もまた、人間の追究すべき特徴の一つです。テストの点数が良かったとか、勉強がよくできたというのは、真理の探究において、かなり〝足の速いランナー〟だったと言えると思うのですが、真理の追究に向けて〝足が速かった〟ということが、同時に「善を体現しているか」といえば必ずしもそう言えないのです。

高学歴の若者がオウムに走った理由

例えば、この点に関する問題が起きたのは、二十年前の一九九五年、オウム事件があったときです。高学歴の若者たちが、「なぜこの宗教に惹かれたか」ということで、マスコミが大騒ぎをしました。東大の医学部や理学部を出て、「数学の天才」と言われたような人がいたのに、なぜ分からないのかというと、善について学校の授業で教えていないからです。

高校では道徳とか倫理というもので、教える時間はあることはあるのですが、例えば灘《なだ》高の卒業生も、灘では倫理や道徳みたいなものはすっ飛ばして英・数の勉強の時間に充《あ》てていたと言っていました。それで医学部に面接試験が入ったりするようになりましたが、面接する人も善かどうかの判断ができるかどうか、微妙なところです。その、〝象牙《ぞうげ》の塔〟のなかで、果たして本当に善が分かるのかどうか、若干疑問はあるのです。

善悪の分別《ふんべつ》は、別な意味での人間の賢《かしこ》さ

この「善の心」を持っているということも、人間として非常に優れたことなのです。善悪の分別《ふんべつ》がつくということは、別な意味での人間としての賢《かし》さです。

ですから、学問的真理として、その到達度や達成度が高いということも賢いと言えますが、学問的なものだけではなく、やはり「善悪を選び取っていく力」というものもあると思うのです。

善悪も小さなものから、中ぐらいのもの、大きなものまでありますが、「善悪を選び、善を取っていく能力」が優れている人は

やはり徳力が高い人です。これも優れた人で、またある意味、人間として非常に賢い人なのです。「善を選び取る能力」が高いということに着目しなければいけません。

それから、「美」の面もあります。ここは、男女が分かれて難しくなるところですが、学校の勉強がよくできたから、女性としても自分は最高でなくてはいけないのだと思う気持ちも分からないではありません。しかし、この「美の基準」のところに当てはめられてくると、実際はかなり〝苦戦〟する部分があるのだということです。

プロフェッショナルを目指す道とは

まあ、最近は逆もあります。美人だけど、東大に入ったら競争率が低くなるのでタレントになりやすいと言って、東大系のタレントなども出てはいます。しかし、一時的に出ることはあっても、大を成すことは今のところないように見えます。

やはり、「タレント系」「芸能系」でいくのでしたら、小学校、中学校、あるいは高校あたりのレベルで学業のほうは抑えて、その道を追究していったほうがよいのです。高校あたりの年代にはもう、モデルや女優、歌手になっていき、プロフェッショナルとして上になります。プロ化していった人のほうが、やはり腕は上です。大学で勉強したままでいくと、プロ野球の選手と一緒で、やはり腕が落ちます。

あるいは、日大の相撲の選手の主将なども、残念ながら、中卒でプロを目指した相撲取りになかなか勝てず、そう簡単には横綱になれません。

要するに、余計なことや無駄なことをしているわけです。やはり、それに特化して早く始めた人のほうが上になることが、スポーツの世界でもあります。

「美」の部分も、やはり美しい女性や、かわいらしい女性、人気が出る女性、あるいは、職業としてそういう分野で活躍できるような女性になろうと早くから志し、努力してきた人は、やはりそれなりのものを身につけています。勉強をしたから「上」になっていくかといったら、そうはならないのです。

コラム1

子供の個性の違いを見分ける子育てを

お母さんがたに述べておきたいことは「単線と複線」の問題です。

女性は、一般に、複線型、複眼型の存在だと言われています。

昔は、母親には複数の子供がいることが多かったわけですが、その子供たちは、それぞれ、いろいろなところで、いろいろなことをやっています。母親は、それを、全部、見ていなくてはいけません。子供の一人ひとりについて、「今、あの子は、どこで何をしているか」ということを同時に見て、危機を察知したら、そちらにパッと行かなくてはならないので、女性は、もともと複眼型にできているのです。

一方、男性のほうは、けっこう単眼であり、「一つの仕事を、ずっと最後まで続ける」というようなことに向いています。

ところが、最近は、高学歴の女性が多くなり、男性型の仕事をしている女性も増えてきました。そういう女性たちは、仕事を辞めて母親になったり、仕事をしながら母親業をしたりすると、男性型のものの見方をし、子供たちを単眼で見てしまいがちなので、気をつけなくてはいけません。

やはり、子供たち一人ひとりの様子をよく見て、それぞれの個性を生かしていくことが大事です。五頭《ごとう》なら五頭の馬をバラバラに走らせていても、「一頭《いっとう》一頭の馬が、どこで何をしているか」ということを見ながら、全体の進度や、それぞれの進度を見るような眼を忘れてはいけません。これが女性の本当の能力なのです。

『じょうずな個性の伸《の》ばし方』より

Column

コラム2

親からの影響を受ける子供たち

基本的に、子は親の影響下にあることは事実です。子供の病気、子供の非行、子供のものの考え方、それらがすべて親の影響下にあるとまでは言えませんが、多分に影響されていることは事実です。

そうしてみると、たいていの世の親たちは、「うちの子供はできが悪い。こういう悪さばかりしている」と言っていますが、その親自身に、自分自身のことが見えていない場合があると思います。まず、親のほうから直していくのが筋です。

子供に要求する前に、まず、みずから振り返るべきところがあれば、振り返ってみることです。子供に悪い傾向があったり、子供が悪い遊びをしたり、そういうことがいろいろあるならば、自分にも原因がないかどうか、まず振り返ってみてください。

『人生の発見』より

3 女性としての徳を磨くには

「美の世界」での才能を開花させる

少し前に「舞妓《まいこ》はレディ」（二〇一四年公開）という映画がありましたが、舞妓になるのでも、もう十五歳ぐらいでその道に入らないと、とても修業《しゅぎょう》に耐えられないのです。芸事《げいごと》というのは、そのくらい早くから、ガンガン怒られて修業しないと駄目なのです。そして、二十代になったら、舞妓から芸妓《げいこ》になるのでしょう。

そのように、舞妓になるにも、早くから始めなければ無理なことであり、一流大学を卒業してから舞妓になろうとしても、おそらく、舞妓としては二流、三流までしかいかないと思います。すでに固まっていて、教えられません。どんなに仕込もうとしても、怒れば反発するし、生意気だしということで、やはり早く入った人より吸収力が落ちるのです。

それよりも青森あたりから十五歳ぐらいで出てきてくれた人に、「よく来てくれた。京都弁から教えるね」という感じで教えたほうが、〝吸い込み〟はいいのです。

美の世界、芸術や文化にかかわるような世界で花開くには、わりあい才能も関係がありますが、開花する条件を、ある程度揃《そろ》えてやらないと、すっとはいかないところがあります。その意味で、勉強したから制覇《せいは》できるかといえば、必ずしもそういうわけではありません。それはやはり珍しいことなのです。

歌手などの芸能人系統のものについては、勉強ができた東大生であっても、あまり得意ではありません。山田洋次《やまだようじ》監督のような人が東大法学部を出ているというのは、非常に珍しいほうでしょう。東大の法学部などを出ると、芸を見てもよく分からなくなりがちです。そういうものよりも、法律の条文を覚え、それを当てはめて解釈するような能力のほうが発達しているのです。

要するに、〝尻尾《しっぽ》〟をつかまれないような官僚答弁ができたり、文章が書けたりすることのほうがうまくなるのです。マスコミに突っ込まれないようにするための受け答えといったものはそつなくできるようになるものの、人を笑わせたりする「コント55号」の欽《きん》ちゃんのような面白《おもしろ》いことができるかと言えば、一般的にはまず不可能だと思います。そのように、人の特徴には、やはり違いがあるのです。

勉強の偏差値をカバーする女性としての徳

女性としての徳のなかには、この「美」の部分もあるだろうと思います。何と言っても、勉強の偏差値の部分をカバーするものが、「美」の部分にはあります。

例えば、中学卒で終わっていても、女優として非常に努力して超一流までいけば、もはや学歴は関係なくなってくるところがあります。大企業のオーナーの息子で、慶応出で高級車を乗り回しているようなセレブや、若手のニュービジネスの社長のような人と結婚したりすることも可能になります。

ただし、当然、逆もあります。女性アナウンサーなどは、「四《よん》大《だい》卒の秀才で、英語もペラペラで、美人で」という感じで、現代のお姫様のようですけれども、千人に一人、あるいは万人に一人ほどの確率で選ばれ、高卒の野球選手や中卒の相撲取りとも結婚しています。

それは、相手の稼《かせ》ぎもいいし、社会的地位もちゃんとあるからでしょう。そういう人には、世間の会社の社長に匹敵するほどの社会的実績があります。たとえ中卒であろうとも、横綱にまでなれば、首相と対談をしても構わないほどの力が十分にあるわけですから、やはり社会的には偉いわけです。

そのように、「美」や、そうした「技能」や「才能」、それから「芸術」や「文化」などの部分には、「学歴を埋め合わせる部分」「学歴をカバーする面」も当然あるということです。これを知っておく必要はあるでしょう。

違う土俵《どひょう》に立てば、違う能力が要求される

例えば、舞妓さんや芸妓さんで一流になった人が、いい企業のオーナーに見初《みそ》められて、「先妻が亡くなったので、後添《のちぞ》えにどうか」などと言われて、社長夫人としてポンと座るようなことも

ありますが、これで失敗するかといえば、必ずしもそうでもないのです。連れて歩いても、またお客様を接待させても恥ずかしくないのです。人間学に精通《せいつう》しているために、どのようにご主人を労《いたわ》ればいいのか、どのように演出すればいいのか、どのようにお客様を扱えばいいのかといったことが分かっているからです。これが上手だと、ご主人が出世することもありますので、そのことが失敗しているとは必ずしも言えないでしょう。ですから、何が幸いするかは分かりません。

ただ、人間の能力には幾つかの多面性があるので、一つの面からしかものが見えない人は、世間を責めるよりは、自分の見識に足りない点があることを知ったほうがいいのではないかと思います。つまり、「違う土俵《どひょう》に乗れば、違うことが要求されるようになりますよ」ということです。例えば、お客様を接待するということであれば、やはりサービス業で腕を磨いた人のほうが上になるのは当然のことです。

勉強ができることはオールマイティーではない

幸福の科学にも、優秀な女性が数多く入局してきますけれども、「なかへ入ってからの扱いが悪い」と怒っている人もいます。

たぶんそれは、男性が非常に厳しい躾《しつけ》をしているのだろうと思います。私は、それほど厳しいことを言った覚えはほとんどないので、男性たちが厳しい打ち込みをしているのでしょうが、「せっかく優秀な私が来たのに、この扱いはなってない！　本当に時代錯誤で、四百年ぐらい前の扱いだ！」というような怒りを持つ女性もいるようには聞いています。

ただ、人間の仕事には、いろいろな面があります。勉強ができたりした人の場合は、すでに一定の社会的尊敬は受けているでしょうし、家族や友人、あるいは世間などからも受けているとは思います。それはそれで、よいことでしょう。勉強がよくできることで、仕事の話などにもついていけて、よき理解者になれます。また、子供を育てるときにも、勉強や仕事のことまで多少アドバイスができるようなママになる場合もあるので、よいこともあると思います。これはこれで得点事項でしょう。

しかし、それがオールマイティーではないことも知っておいたほうがいいでしょう。先ほども述べた「情」や「意」の部分もあれば、「善」や「美」の部分もあり、そのあたりが欠けている面はあるということを知ったほうがいいのです。そういうことを知ったのであれば、自分の手薄なところ、苦手な分野について、やはり時間をかけてでも、少しずつ少しずつ勉強していくことが大事です。

さまざまな能力を育《はぐく》むための心構え

例えば、「勉強はしていたけれど、料理は苦手だ」というのであれば、「苦手だけれども、少しずつはできるように勉強しようか」ということで、いろいろな雑誌を読んだりテレビ番組を観たりするなかで、勉強はできます。テレビで英会話の勉強ができるのであれば、料理の番組もテレビでやっていますので、心掛け一つで少しずつ覚えてレパートリーを増やしていくことぐらいはできるはずです。

それから、「子育ては苦手だ」という人もいるでしょうが、それはそうだろうと思います。一般的には、高学歴ママは子育てが苦手かもしれませんが、子育て用の雑誌なりテレビなり、いろいろと情報はありますので、そのようなものに出ている人の体験談などを勉強しているうちに、それなりに知識が得られれば、子育てができるようになってくると思うのです。それにはやはり、努力は要ると思いますし、足りないところについては謙虚でなければならないのではないでしょうか。

学校での学びの先にある勉強

「あげママの条件」としてさまざまなことを述べてきましたが、もし、「勉強しているから、私はあげママとしては駄目なんだ」とか「夫からは評判がよくないんだ」などと思う人がいたらお伝えしたいのは、「勉強の種類が変わる」ということです。学校で採点される勉強は終わりますが、それから先の勉強があるということです。

例えば、「結婚をする」というのは、それから先のことであり、社会全体にもかかわってくることなので、学校で習わなかったことについての〝勉強〟をしなければいけません。そのような意味での勉強は続くわけです。

そのなかには、耳学問として、人生の先輩や年上の人、あるいは親、兄弟から聞いて学ぶこともあるし、自分でテレビやニュースを見たりするなど、いろいろなものを見て勉強することもできます。総じて、「学び」ということから見れば、まだまだやることはあるのです。

自分の器を大きくすることも「あげママの条件」の一つ

　それから、「人間としての全体的な大きさ」というものが要るのではないかと思います。人間としての大きさをつくっていくこと、要するに、「包容力《ほうようりょく》」や「徳」の部分が、女性にもあると思うのです。それをつくることが、夫のわがままや多少のエゴイスティックな行動をも、子供を見るように見守りながら成長させていく原動力にもなります。

　また、子供がその年代に〝やんちゃ〟をしたり、反抗期があったりするのは当たり前のことですので、それを包み込みながら育てていく力にもなるはずです。

ですから、「自分の器を大きくする修行」も、同時にまた、この「あげママの条件」に入ってくるのではないかと思います。

コラム3

子供への愛は、人に愛を与える大きな原動力に

確かに、子供というのは、なかなか親に恩返《おんがえ》しができずに、奪い続けているようなところがあります。しかし、やがて大人になると分かるのですが、やはり、「親の愛」というのはありがたいものなのです。

親が与えたものが、直接、親に返ってくることはないかもしれないけれども、それは、子供が社会のなかで生きるときに、他の人に対する優しさや、「人のために尽くす」という気持ちに、必ず転化していくのです。

そういう意味で、「親の愛」が死ぬことはありません。必ず残りま

Column

す。「親に愛された」という気持ちは必ず残るものなのです。

親に愛された気持ちを、直接、親に返せるかどうかは分かりません。現実には返せないことのほうが多いのかもしれません。

返そうと思ったころには、親がボケていたり、おかしくなっていたり、事業が傾いていたり、死んでいたり、病気になっていたりして、昔のままの親ではないこともあります。お返しをしても、それが親に分からない状態もあるのです。

それでも、「親が子供を愛しておくことは、子供にとって、将来、人に愛を与えるための大きな大きな原動力になるのだ」ということを知っておく必要があると思います。

『アイム・ハッピー』より

コラム4

「徳」が発生するプロセス

実に難しいことではありますが、「人間の本能あるいは動物性に基づいたら、このようになるだろう」と思われることとは違うことを、平気でやれて、それにこだわらずに生きられる人、あるいは、利害にかかわらず、公平無私を貫けるような人、そういう人のところに徳が発生してきます。そのように考えなければなりません。

そして、自分の天命《てんめい》を感じたり、「自分の本当の活動源《かつどうげん》、行動力の源泉《げんせん》は、ただ精進にのみある」ということを信じたりしている人のなかに、徳は生まれてくると思うのです。

単なる、この世的な看板や地位、お金などで徳が生じると思ったら、間違いです。やはり、裸一貫、精進の力で、自分が自分をセル

Column

フメイド・マンとしてつくっていかなくてはなりません。そういう精進の力を持って、天命を信じつつ努力していき、道を拓いていく人に、多くの人たちがついてくるのだと私は思います。
こういうところが徳の発生原因だと思うのです。

『忍耐の法』より

How to Be an Excellent Mother
8 Ways to Successfully
Raise your Children

第2章

あげママの条件
質疑応答

「妊娠中の子供の魂」と「幼児教育」について

質問　〈三十代・働く主婦。夫と中学二年生の娘の三人家族〉

妊産婦や子育て中のママが感動する人気テーマとして「胎内記憶」[*4]や「胎内に宿る前の記憶」というものがあります。「子供の魂は親を選んで生まれてくる」とも言われていますが、産前産後の霊的な実態や親子の絆の深さについてお教えください。

＊4
胎内記憶　母親の胎内にいたときや出産時のことを記憶している赤ちゃんや子供が増えているといわれている。なかには、生まれてくる目的や前世（胎内に入る前の記憶）について話す子供もいるなど、そうした症例が産婦人科医らによっても報告されている。

この世に生まれてくる前の魂との「事前交渉」

普通の人は何も気がつかないのでしょうが、霊能体質になりますと、いろいろなことが分かるというか、霊的な会話ができるようになります。そうすると実際には、この世に生まれてくる前の魂との「事前交渉」のようなものが始まっていくわけです。

ただ、そのときに魂と話をしても、たいてい〝売り込み文句〟が多いため、まともに捉《とら》えてはいけない面があります。これは経験がないと分からないと思いますが、彼らは売り込み材料に事欠かないので、かなり売り込みをかけてくるのです。そのため、親は騙《だま》されてしまいます。そして、それをあまりに信じた場合、あとで「裏切られた」と思って意地悪をしたくなることもあるわけです（笑）。

「売り込み」というのは大変です。彼らは就職のときの自分の売り込みと同じように売り込んできます。これは霊能者に対してしかありえないことなので、多くの人には分からないでしょうが、そのように売り込んでくることがありますし、それによって、「魂の傾向」ぐらいは分かると思います。

Column

コラム5

妊娠後の胎児の魂の様子

魂が胎児に宿ると、言葉は悪いですが、憑《ひょう》依《い》現象とあまり変わらない状況になります。母親の体に他の霊が入っているかたちになるのです。

ただ、この段階では、魂と胎児の結びつきがまだ安定していないため、胎児の魂が母親の体のなかにずっといることはなく、ときど

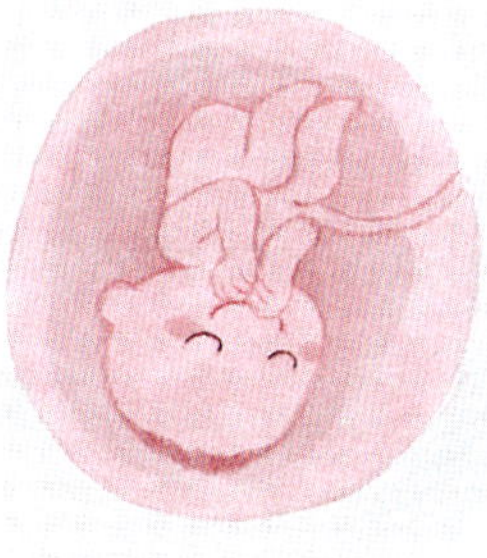

き出たり入ったりします。足場は残っているのですが、何度も出たり入ったりするのです。

胎児の魂は、妊娠後の七カ月目までは、赤ちゃんではない意識も、けっこう持っています。四カ月目ぐらいのときには、まだ大人の意識も残っています。意識が子供になったり大人になったりして揺れるのです。精神年齢が上がったり下がったりしています。

そのうち、その振幅がだんだん小さくなり、五カ月目ぐらいになると、三、四歳から六、七歳までの範囲にだいたい収まってきます。この状態は五カ月目ぐらいから七カ月目まで続きます。

この期間に絵本などを読んであげると、胎児の魂は明らかに反応します。ある程度、絵本の内容がわかるのです。話しかけると、多少、反応することもあります。

また、音楽も多少は聞き分け、嫌な音楽とそうでない音楽とが分

かります。ロックなどのうるさい音楽をかけると極端に嫌がりますが、赤ちゃん用の静かな音楽をかけると喜ぶのです。

『じょうずな個性の伸《の》ばし方』より

「自分を小さく見せる魂」と「自分を大きく見せる魂」のその後

私の子供の場合、胎内に宿《やど》る前の段階で交渉した記録が残っています。それによると、そのときに「自分を小さく見せた人」、「謙虚に語った人」は、その後、成功していることが多く、「大きく出た人」はたいていたい失敗していることが多いのです。

これは、この世の法則も同じかもしれません。この世でも自分を大きく見せる人はだいたい駄目で、自分を小さく見せる人、謙虚にしている人のほうが大きくなることがあります。この世に生まれる前の魂にも、一応、その傾向があるようです。

自分のことを少し低めに言った人のほうが、あとは実は良いことが多く、自分を高くする感じで言ってきた人は少し眉唾で、思ったほどではなく、期待外れになることが多いようです。

胎内に宿った後も「将来設計」について交渉してきた魂

さらに、魂が胎内に宿ってからも、私は話ができるのです。その場合、魂が母親のお腹のなかに入っていることになっていますが、魂はかなり出たり入ったりすることができるので、私は親として何度か話をしたことがありますし、向こうも交渉をしてきたりします。

例えば、彼らは、「こういうふうにしてほしい」「ああいうふうにしてほしい」「自分の将来設計としては、こうなりたいから、このようにしよう」などと交渉してきたので、かなりの〝交渉家〟です。母親のお腹のなかにいるのに、「自分の将来の職業に向けて準備をせよ。そのルートを開け」と交渉してくるので、よい意味で〝ませている〟のです。

彼らは、「ブーブー」「バーバー」と言いながら、霊として出てくるのですが、その後、かなり交渉してきます。親に対して、「こういう職業に就《つ》きたいから、このように努力せよ」と言ってくることがあるので、意外に〝目覚めている面〟があるわけです。

ただ、これも本気で聞いてはいけません。ほとんど夢想状態ですので、〝まともな人間〟と話していると思ってはならないのです。たいていの場合は、かわいがってほしくて、そのように言っているので、話半分に聞かなければいけません。

「親の期待」が子供の魂に与える影響とは

また、胎児の魂はそれだけ意見を言える状況ですので、こちらが言っていることも分かっています。そのため、こちらがとても期待をかけると、向こうもそれだけのことを言ってきますが、現実には生まれてみないと、どうなるか分からないのです。

例えば、「将来、学校はどこに行くの？」などと訊《き》いても、本当は分かりはしないのです。なぜなら、過去、その魂がこの世に生まれた時代（過去世《かこぜ》の時代）[*5]には、今のような学校はどこにもなかったからです。そんなところは一つもないので、「自分が今、

＊5
過去世　人間の本質は、「魂」という永遠の生命を持つスピリチュアルな存在。新しい人生経験を積んで魂を磨くため、この世とあの世を転生輪廻しながら魂修行をしている。一人ひとりが、いろいろな時代、いろいろな国に生まれた過去世を持つ。

この世に生まれた場合、どの程度の頭で、どの程度の成績で、どの程度の学校に行くのか」ということなど分かりはしないのです。それでも、一応言いたいことは言いますし、いろいろなことを言ってきます。ただ、それを真に受け過ぎてはいけません。ある意味では、「親の期待」をそのまま反映《はんえい》して言っている場合も多いからです。

親としては、「自分にないものを子供に欲しい」と思うことがありますし、同時に、「自分にあるものも当然、あってほしい。自分より、さらにあってほしい」と思うでしょう。ピアノが上手な母親であれば、「子供にピアノぐらいはやらせようかな。自分よりはうまくなってほしいな」などと思ったりすることもあります。

だいたい、親は子供に対して、「自分以上になってほしい」と思うもので、子供もそういう過剰なプレッシャーを受けていることが普通でしょう。ですから、胎児期でも心は通じています。母親にも通じていますし、父親にも通じています。

ある場合には、何百キロと離れていても〝通信〟して話をしてくるぐらいでした。このように、魂はときどき肉体から遊離できるのです。お腹のなかでも胎児が寝ている時間などがあるので、そのときに魂が外に出てきて話をするのでしょう。

Column

コラム6

子供は親を選んでくる

子供が両親を選んで生まれてくる場合、大部分のみなさん、おそらく八割以上のみなさんにとって、一つの法則があります。

それは、「魂的に、ある程度、親和性がなければ、子供として生まれてくることはできない」ということです。それが原則としてあります。これが、魂は別なのに親子が似ることの理由の一つです。

女性は妊娠して子供を宿すのですが、妊娠は霊現象であって、女性の肉体のなか、心のなかに異質なるものが宿るわけです。魂のなかに他の魂が宿ってくるのです。

言葉は悪いかもしれませんが、妊娠は、変わった意味における憑依現象であることは事実です。

憑依には、「同類《どうるい》、相通《あいつう》ずる」という原則があり、子供の魂は、だいたい自分と波長の似た人のところに出てきます。

『ティータイム』より

コラム7

幸福になるため計画を持って生まれてくる子供たち

子供を持つ際にどうしても知っておいてほしいことがあります。

それは、人間というものは決して物質の塊《かたまり》でもなければ、ぜんまい

Column

仕掛けの機械でもないということです。

私は宗教家としての立場から、また、霊的実体験から申しあげるのですが、人間の体のなかには魂というものが宿っており、人間は魂と肉体が合体したかたちで人生を歩んでおります。しかも、精子と卵子の結合によって自然発生的に魂ができてくるわけではないということなのです。

たしかにお腹のなかの子供は小さい存在ではありますが、小さいながらもちゃんとした魂が宿っています。

もともとちゃんとした魂が、たまたま縁があって自分のところに子供として生まれてくるのです。つまり、それぞれの子供は、人生の計画を持って生まれてくるのである、ということを知っておいてほしいと思います。

これはどういうことかと言いますと、子供はたとえ体は小さくとも、魂としては一人前の魂がそのなかに宿っているのです。親と子は、もちろん縁がある魂ではあるけれど、魂としては別の存在だということを知っておいてほしいのです。そして、彼らも幸福になるための計画を持って生まれてきているということなのです。

『幸福のつかみ方』より

表現や理解力に限界があっても「情」の部分は通じる

それから、生まれてからあとは、人間の体内に魂が宿って頭脳を使わなければいけなくなりますので、表現および理解力には一定の限界があります。そのため、年齢相応にならないと難しい言葉は分かりませんが、第1章で述べた「情」の部分などはよく通じるのです。幼児にも感情的なところはよく分かるわけです。

ただ、私の親は、「五歳ぐらいまでの記憶はほとんど消えてしまう。だから、怒っておくのなら、五歳ぐらいまでにしないと駄目だ。それを過ぎたら記憶が始まって、後から『親に虐待《ぎゃくたい》された』

と言い始めるから、気をつけなければいけない」ということをよく言っていました。

私も小さいころは悪《わる》さをしていたため、よくお尻を叩かれたりしていたらしいのですが、今、そうした記憶はありません。大人になると、それを全部忘れてしまっていて、小学校に上がる前あたりからの記憶が出てきます。

いずれにせよ、父親が知り合いの人から、「子供は五歳あたりから記憶がある。だから、子供に暴力を振るった場合は、それを覚えていて反抗期に復讐《ふくしゅう》に出てくることがあるから、気をつけなければいけない」というようなアドバイスを受けていたため、私の記憶が始まるころから、急に親がそういうことを一切しなくなったのを覚えています。おそらく、それを学んだからでしょう。

悪さをして〝三羽烏《がらす》〟と言われていた私の幼稚園時代

私が最後に体罰を受けたのは、確か幼稚園で〝三羽烏《がらす》〟と言われていたときだったと思います。それほど評判が悪かったのです。そのうちの一人が四国で今、ときどき顔を出したりしているそうです。偉くなり、テレビ局の役員になっているようです。ただ、当時は、「悪さをしている子を捕まえると、その三人が必ずいる」

というような状態で、本当に悪かったのです。そのため、親が呼び出されるときは、だいたい怒られたり、注意をされたりするわけです。例えば、「チューリップの〝首〟を全部切った」というような話で呼ばれるので、怒られるのは当然です。

それについては、今、自分でも「本当に悪かったな」と思っています。先生が二人がかりで私の足と肩を持って〝裏返し〟の状態にし、神輿《みこし》のように担いで園長室に連れていったことを覚えています。園長に叱ってもらうために連れていかれたので、よほど悪いことをしたのでしょう。

それは、母親が幼稚園に呼びつけられて怒られたときのことだろうと思いますが、記憶がだんだん薄れていくので、はっきりは覚えていません。ただ、幼稚園の記念写真には、おでこに絆創膏《ばんそうこう》を貼っている私が写ったりしていますので、当時、生傷《なまきず》が絶えなかったことがバレてしまっています。よそ行きの顔をしなければいけない写真であるのに、絆創膏か貼り薬のようなものを貼っているので、おそらく殴り合いをやったか、どこか高いところから落ちたのでしょう。滑《すべ》り台の上から落ちたこともあるぐらいですので、よほどやんちゃだったのだと思います。そういうことが私の記憶に残っています。

「叱る」と「ほめる」のバランスの取り方が大事

以前も述べたことがありますが、私の右手の人差し指のところには小さな点のような水ぶくれの跡があります（『回想の父・善川三朗』〔宗教法人幸福の科学刊〕参照）。これは、私が五、六歳ぐらいのときに悪さをしたため、父親にお灸代わりに線香《せんこう》かマッチの先か何かでジュッと焼かれたものです。私があまりに言うことをきかないので、そのようにされたことを覚えています。

しかし、これが最後であり、それ以降、私は体罰を受けていません。親のほうも賢くなったため、私の記憶が残るころからは体罰をしなくなっていったのです。

ですから、比較的小さいうちに悪いことをした場合には、叱っても構わないのですが、同時に「ほめるべきときには、ほめる」というバランスの取り方が大事です。

ただ、「ほめ過ぎると、あとで駄目になる」ということもあります。小さいころにほめられ過ぎると、小学校からあと、他の子と一緒に机を並べてやっているうちに、「自分は特別な人間ではない」ということを感じ、だんだん、がっかりしてくることがあるので、ほめ過ぎも、やや要注意ではあります。

これも、長男の話になりますが、彼は小学校に上がったときに、

「参観日に手を挙げても、担任の先生が当ててくれない」というだけで、泣き出したりしていました。家では家庭教師に教えさせていたので、意見を言うと、すぐに答えてくれるような状態だったわけです。そのためか、「学校だと、手を挙げても僕を当ててくれない。先生が意地悪しているんだ」と考えるらしいのです。

他の子も、皆手を挙げていますし、親も皆来て後ろで立っているのですから、「自分が当たらない」と言っても、それは当たらないことぐらいあるでしょう。しかし、それを意地悪されているように感じるわけです。

つまり、あまりにも恵まれた条件を与えられていると、今度は、

「世間の風が冷たく感じる。みんなが意地悪に感じる」ということもあるので、あまりほめ過ぎることや、〝純粋培養《ばいよう》〟しすぎることは、やや問題があるかもしれません。

ほめ過ぎた分、あとで怒らなくてはいけなくなるのですが、本人が大きくなってきてから怒るようになるため、子供は覚えているということで、親子関係が悪くなるわけです。

躾は「小学校に入学する前」にきちんとしておこう

やはり、躾は、基本的に小学校に上がる前の段階で、きちんとしておいたほうがよいと思います。みんなができるような「集団行動」や、「規則を守る」というようなことについては、身を守る意味でも、きちんと教えておいたほうがよいのではないでしょうか。

〝文明実験〟として、うちの子の場合、幼稚園に行かせた子と、行かせなかった子が出たのですが、それは、渡部昇一《わたなべしょういち》氏の説をまねしてみたためです。渡部氏の著書に、「うちには三人の子供がいて、幼稚園に一年しか行っていない子が二人と、三年行っている子がいるんだけれども、どうも、幼稚園に行く期間は、短ければ短い子ほど賢いような気がする」というようなことが書かれていたので、「そうか、幼稚園というのは頭を悪くする効果があるのか。なるべく、幼稚園には行かせないほうがいいのかな」と思ったわけです。確かに、幼稚園では、遊びしかやっていないことが多いので、「行かせないほうがいいのかな」と思いました。

また、当時は、親が講演会等で全国各地に行かなくてはいけないことが多く、子供も連れていっていたのです。その際、幼稚園に行っていないほうが連れていくのに楽だったので、「勉強は家で教えていればいい」と考え、上の子は、幼稚園に行かずにいました。

ところが、結局、「集団行動のなかでの規則を守る」というようなことが、なかなか覚えられないのです。やはり、それは、小さいころにやっておかないといけないのでしょう。

Column

コラム8

自分のことは自分ででき、判断できる子供に

子供はできるだけ、「自分のことは自分ででき、自分で判断してやっていける」というように、育てていかなければいけないと思います。

親の社会的地位が上がると、子供に手を掛けるようになることは多いのですが、なるべく自立できるように訓練していかなければなりません。

特に、収入の高い家の専業主婦の場合、子供にベッタリになりがちです。「子供の勉強がよくできると、母親である自分のほうも認められる」と思ってやり過ぎて、子供との仲が悪くなり、それが結局、

Column

夫婦仲のほうにも響くということもありますので、「ほどほどに」というところはあります。

さみしいかもしれませんが、勉強がよくできても、中学生や高校生にもなって、いつまでもずっと親がかりでいるような子供は、やはり、大人になってからの出来が悪いので、できるだけ自分でやっていけるようにしたほうがいいと思います。

『夫を出世させる「あげまん妻」の10の法則』より

〝お受験幼稚園〟に通ったが「小学校受験」はしなかった長女

そういうことで、長女は、実は、〝お受験幼稚園〟に通わせました。港区の青山あたりに、T教育研究所M幼稚園という〝お受験の幼稚園〟があって、模試などもやるようなところでしたが、「試験は受けたくないんです」と言って、「通わせるだけ」ということで、半年ぐらいは通わせたかと思います。

そのとき、向こうは、長女を見ていて、「ああ、勉強はよくできます。知能テスト的に見た感じでは、お受験をして落ちるところはないでしょう。どこだって通るはずです」ということで、お受験をさせたくなったようで、「〝御三家《ごさんけ》〟があります」と言ってきました。

小学校のお受験にも、「慶応義塾幼稚舎、青山学院初等部、学習院初等科」という〝御三家〟があるのです。それで、向こうの所長は、「慶応でも落ちることはありません。娘さんに受けさせてください」と言うのですが、こちらのほうは、「受けたくない」と言って頑張り抜きました。親のほうは、小学校受験などしたことがなかったので、「受けたくない」と言って頑張ったのです。幼稚園の他の子は全員、受験するのに、一人だけ、「試験を受けない」という話をしたことがありました。

幼稚園との関係上、やや難しいところはあったかもしれません。あちらは、「この親は、おかしいいんじゃないか」と思っていたようで、「こんな有利な条件があるのに、なんで受験しないんですか」というようなことを言っていました。

知能指数が高くても〝純粋培養型〟だと学校生活が難しくなる

また、「兄（長男）のほうも幼稚園に行っていない」ということをその幼稚園が聞きつけて、「ちょっと連れてきなさい」と言われました。そこで、連れていって、積み木を用いた知能テストで知能指数を測ってみたところ、百六十までは測れたものの、「百六十以上あるのは分かるけれど、これ以上は測りようがありません。もう、知能指数が測れません」ということになったのです。ともかく、知能指数については長女も高かったので、おそらく長男も高いだろうと向こうは思っていたのでしょう。

それで、「幼稚園は?」と訊いたところ、「行っていない」という返事だったので、「それはよくありません。あと半年で小学校に上がるのでしょうが、半年でもいいから通わせなさい。そうしないと、小学校に入ってから、ひどい目に遭《あ》いますよ。うまくいかなくなるから通わせなさい」と言ってきたのです。

しかし、こちらは向こうの言うことはききませんでした。頭が悪くなると思って、幼稚園には行かせなかったのです。ところが、長男を小学校に入れてみると、一年生の勉強のレベルが低いために、学校で先生の言うことをきかない子供になってしまいました。また、幼稚園に行っていなかったため、友達との協調性についても、難しい面があったようです。

さらに、子供の場合、変な悪口をたくさん言い合う関係があるのですが、長男は〝純粋培養型〟であったために、そういった〝人の悪口の言い方〟のようなことを、一切教えていませんでした。

そのため、小学校に行ったら、悪口の言い方を知らない、ということで、バカにされるようなことがあったりして、小学校一年生のときには、悪口ばかりを覚えてくるような感じだったのです。

子供に「抵抗力・免疫力《めんえき》」をつけるには適度な「目こぼし」が要る

そういう意味で、ある程度の〝雑菌〟は持っていないと、「抵抗力」というものがなくなるのだと思います。

例えば、インドの人たちは、ガンジス河《がわ》の水を飲んでも、そこで沐浴《もくよく》しても、何をしても病気になりません。「日本人であれば、イチコロで病気になる」とよく言われますし、「それに耐えるためには、もうスリッパの裏でもなめていろ」というようなことを、言われたりするわけです。

ただ確かに、多少の〝雑菌〟に耐える力として「免疫《めんえき》力」をつけていないと、人生を生きていけない面はあります。子供には、絵に描いたような、きれいなコースを通らせてやるのもよいのですが、本人が世間の雑菌に耐える力を持っていないと、もしかしたら大学までは守れる可能性はあるにしても、それから先は、守れないことが多いと思います。やはり、そのあたりのところで、つまずくのではないでしょうか。

例えば、世間ではよくある当たり前の大したことのないことを、ものすごく大きなことのように捉えてしまうことがあるわけです。先ほど述べた、善悪の問題についても、「〝世間相場《せけんそうば》〟というものが、どのくらいか」ということを知らないでいると、ものすごく重大問題に捉えてしまうことがあるので、このあたりは気をつけなければいけません。

そういう意味で、母親としては、適度な〝目こぼし〟は要るのではないかと思います。男の子なら男の子のいたずら、女の子なら女の子のいたずらがあると思うのですが、「適度な目こぼしが要る」「適度な免疫をつけるための〝雑菌汚染〟はありえる」ということぐらいは知っておかなければいけません。

「年相応に、そういうことは出てきますが、そこで完全な人格否定までしてしまったら、そのあと、親子関係は、こじれるところまで行くことがありますよ」ということです。そのあたりは、よく勉強されたほうがよいのではないかと思います。

必ずしも「世の中から隔離《かくり》して育てればよい」わけではない

そのため、処世術《しょせいじゅつ》のようなものを上手に教える学校も、あることはあります。うちの次男、三男は、それぞれ開成《かいせい》と麻布《あざぶ》に行きましたが、麻布のほうが処世術はよく教えているように思います。

麻布は確かに政治家がよく出るだけのことはあって、〝表の顔〟と〝裏の顔〟を、きちんと使い分けられるようになっているわけです。

麻布というところは不思議な学校で、三百人の生徒のうち、少なくとも二百九十九人は大学に進学していますので、要は、「退学にならない」ということです。

そして、「中学生はお酒を飲んではいけない！ 先生が代わりに飲んでやる」というようなこともある学校らしいので、そうした、少し〝雑菌〟が入っていることが、多少の強さになっている面はあるのでしょう。本当は、表向きには言ってはいけないことではあるのですが、きちんと使い分けるところはあるので、上手なようです。

開成であれば、万引きをすると、すぐ停学《ていがく》となり、退学になることもあるようですが、麻布の場合は、そうなる人はいないのでしょう。

もちろん、してはいけないことは、それはやはりいけないことです。決して、麻布中高をほめているわけでも、そうしたことを勧めているわけでもありません。誰かそういう人がいたという話でもありません。ただ、世の中の常識については、ある程度、知っておいてもよいのではないでしょうか。「そうしたことを知ることがないように、完全に隔離《かくり》して育てればよいか」といえば、そうではないところもありますよ、ということです。

「世間慣れ」は必要だが、世間に流されてもいけない

あるいは、有名進学塾で、いつも一番を取っていたような子が、有名私立中学に入ったものの、二年生で万引きをして、停学処分を受けたようなことがあるそうです。その子は、そのあと、格好が悪くて学校に出てこられなくなり、公立中に転校して、その後、都立高校を受けたとのことでした。

こうした子が、「公立中に転校する」というのは、なかなかかわいそうにも感じますし、厳しいと言えば厳しいのですが、やはり、「世間慣れ」していなかったのではないでしょうか。

どうやら、その子は、お母さんとの二人三脚体制で中学受験を乗り切ったようで、中学でも、授業時間の合間に親子でメール交換していたらしいのです。そういうことでは、おそらくバカにされるでしょう。また、周りとしても、少し違和感を抱いていたのだろうと思います。

やはり、ある程度、自立させていく力が要ります。そして、「『世間慣れ』や、『〝雑菌〟に打ち克つ力』も、多少は要るのかな」という感じはします。ただ、それに流されてしまってもいけません。単なる早熟な遊び人になってしまったら、今度は、まともな勉強はできないし、社会に出て、役に立つ仕事ができるような人間にもならないことがあります。

仮に一時期、そういう時期があったにしても、どこかで改心《かいしん》して、専心《せんしん》打ち込むようなときがなければ、ものになることはないでしょう。そのへんを忘れてはいけないと思います。やはり、「『ただ世間慣れすればいい』というわけではない」ということは言っておかなくてはいけません。

少し胎児教育以外のこともお話ししました。「あげママ」全般に渡る話にはなったかと思います。

1
「知《ち》」Knowledge

勉強して知識を学ぶことの大切さを心得る。

2
「情《じょう》」Feeling

人に対する優しさや、人間関係の〝付き合い〟の部分を教える。

3
「意《い》」Will

自制心や、難しいことをやり遂げる粘り強さを育む。

4
「真《しん》」Truth

真理を求める心や、物事の真実を見ていく態度を追究する。

あげママの条件　8つのポイント

5　「善《ぜん》」Goodness

善悪を分ける正義心、
悪を見逃さず善を選びとっていく能力を培う。

6　「美《び》」Beauty

美しさに惹《ひ》かれる心や
〝生き方の美学〟を追究し、女性としての徳を育む。

7　「器《うつわ》」Capacity

包容《ほうよう》力や徳の部分など、
人間としての器を大きくする。

8　「躾《しつけ》」Discipline

柔軟な処世術《しょせいじゅつ》の基礎となる
「集団行動」や「規則遵守《じゅんしゅ》」のルールを教える。

あとがき

一九八六年だったか、「男女雇用機会均等法」が成立し、女性の社会進出、自己実現を応援する風潮《ふうちょう》が強くなった。政府としては税収を上げるという裏のねらいもあったろう。しかし、現実には、少子化の加速と、不登校児やドロップアウトする生徒が増え、これに対応すべく、〈ゆとり教育〉をやったところ、日本の企業の成長力が減速し、国際競争力も落ちた。今では、職場でのハラスメントと闘《たたか》う強い女性のドラマも流行っている。

社会全体的に、子供を上手に育てる「考え方」が抜けているようだ。この分野で役に立つ良書は、現実には、入手困難である。
本書には、私の体験と観察から絞《しぼ》り出された智慧《ちえ》が満載《まんさい》されている。子供側から見れば逆の言い分もあるだろうが、個性豊かで、才能がきらめく五人の天才児たちを巡《めぐ》っての、二十年余りの親子の教育体験の記録である。必ずやこの「あげママの条件」は、多くの人々に子育てのテキストとして使ってもらえると信じている。

二〇一五年　八月十八日

幸福《こうふく》の科学《かがく》グループ創始者兼総裁《そうししゃけんそうさい》　大川隆法《おおかわりゅうほう》

本書は左記の法話をとりまとめ、加筆したものです。

第1章　あげママの条件
二〇一五年三月十日　説法
東京都・幸福の科学総合本部

第2章　あげママの条件
質疑応答
二〇一五年三月十日　説法
東京都・幸福の科学総合本部

『あげママの条件』

大川隆法著作参考文献

『じょうずな個性の伸ばし方』（幸福の科学出版刊）
『人生の発見』（同右）
『アイム・ハッピー』（同右）
『忍耐の法』（同右）
『ティータイム』（同右）
『幸福のつかみ方』（同右）
『夫を出世させる「あげまん妻」の10の法則』（同右）

※左記は書店では取り扱っておりません。
最寄りの幸福の科学の精舎・支部・拠点までお問い合わせください。

『回想の父・善川三朗』（宗教法人幸福の科学刊）

How to Be an Excellent Mother

8 Ways to Successfully Raise your Children

アイム・ハッピー BOOKS

あげママの条件

子供を上手に育てる8つの「考え方」

2015年9月10日　初版第1刷

著者　大川隆法

発行所　幸福の科学出版株式会社
〒107-0052 東京都港区赤坂2丁目10番14号
TEL (03)5573-7700
http://www.irhpress.co.jp/

印刷・製本　大日本印刷株式会社

落丁・乱丁本はおとりかえいたします

ISBN978-4-86395-708-4　C0030

あなたの“あげママ”バランスをチェック！

「ママタイプ」診断

教育熱心なタイプや感情豊かなタイプなど、ママのタイプも十人十色。
“理想のあげママ”に近づくために、自分自身を自己分析してみましょう。

以下の問いに対し、あてはまる項目にチェックし、
合計数を記入しましょう。

A

- □ 語学や資格試験など継続して勉強していることがある
- □ 頭の回転は早いほうだと思う
- □ 外出中、子供が大泣きしても、冷静に対応できるほうだ
- □ 本を読むのが好き
- □ 子供と出掛けるときはできるだけ事前に情報を調べて行く
- □ ふと気がつくと、人の性格や行動を冷静に分析している
- □ 子供の教育資金など、コツコツ積み立てている貯蓄がある

チェック合計数

□ 個

B

- □ 誰とでもすぐ打ち解けられるほうだ
- □ 他人の子供も自分の子供と同じようにかわいいと思う
- □ 子供の行事のために、ママたちと協力して準備するのは好き
- □ 子供の学校のPTAなど、頼まれたらつい引き受けてしまう
- □ 「情にもろい」と言われたことがある
- □ 旅行は計画をきっちり立てずに、気ままに過ごすほうが好き
- □ 絵本の読み聞かせ中、つい感動して泣いてしまうことがある

チェック合計数

□ 個

C

- □ 正義感が強いほうだと思う
- □ ショックなことがあっても「明日からまた頑張ろう」と思える
- □ 「頑固だ」と言われたことがある
- □ 外食で注文するメニューはすぐ決まるほうだ
- □ 小さいころの習い事や部活、仕事など長く続けられるタイプだと思う
- □ 早寝早起、一日のスケジュールなど、予定通りにこなせるタイプだ
- □ 「夜９時以降は食べない」など自分で決めた約束は守るほうだ

チェック合計数

□ 個

あなたの「あげママ三角形」はどんな形？

三角形の中心をゼロとして、前ページのABCの合計数をそれぞれ書き込み、
3つのポイントを結んで、あなたの三角形を作ってみましょう。

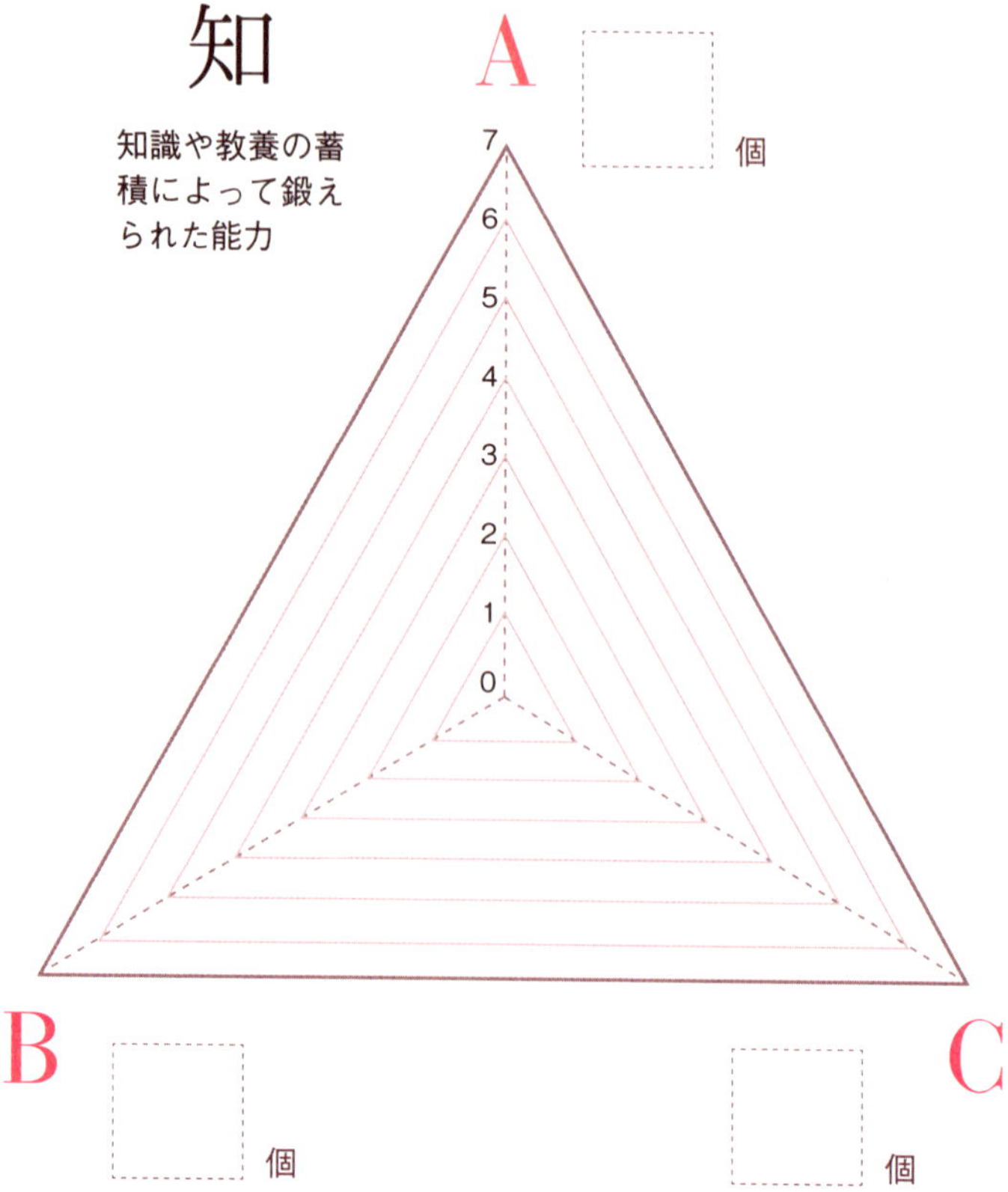

知
知識や教養の蓄積によって鍛えられた能力

情
情け深く、人の気持ちがわかる能力

意
我慢強く、強い意志でやり通せる能力

あなたの「ママタイプ」自己診断

右ページで描いた「あげママ三角形」と見比べて、似たような形の三角形があなたのタイプ。大きさよりも三角形のバランスで診断してみましょう。

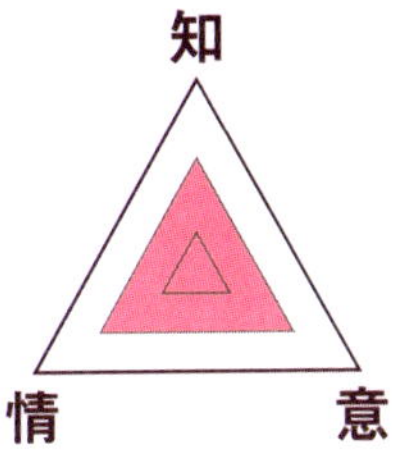

天性の愛情でいっぱい

理想の“あげママ”タイプ

「知・情・意」の３つのポイントをバランスよく兼ね備えたあなたは、正真正銘の“あげママ”タイプ。子育てで困難にぶつかっても、正確な知識と気持ちを理解する心の両面から判断し、乗り越えてきたのではないでしょうか。三角形の大きさが大きいほど、「“あげママ”度」が高いと言えます。ぜひ自分の子供のみならず、多くの子供たちを育んで、“あげママ”度をもっとアップさせていってください。

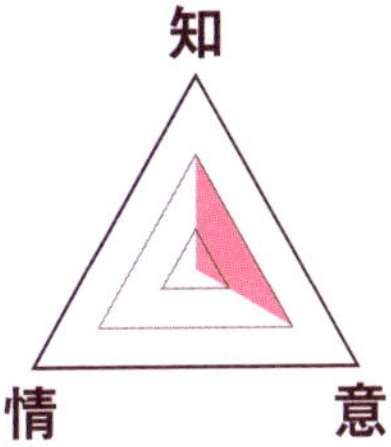

知育重視で結果も出す

キャリア系教育ママタイプ

「知」と「意」を兼ね備えているあなたは、キャリア系教育ママタイプ。ママ自身の仕事能力が高く、知的生活を送っている方が多いでしょう。そのため、子供の勉強の習慣も身につきやすく、成績優秀だったり、仕事でも成功する可能性が高いと言えます。ただし、ママが優秀な分、成果を求めすぎて、子供の個性を潰してしまう可能性も。子供は何をしたいのか、きちんと尋ねたり、ときには親子でのんびり過ごす時間を取ってあげるといいでしょう。

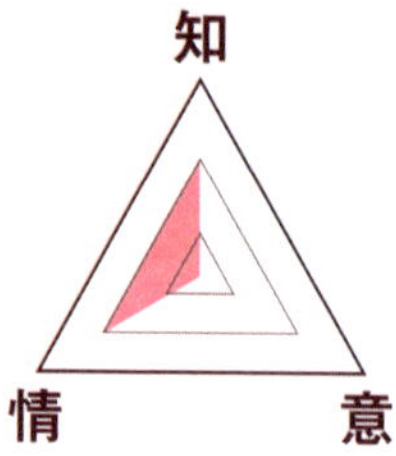

即座に相手の気持ちを察知する

調和型ママタイプ

「知」と「情」を兼ね備えているあなたは、調和型ママタイプ。持前の頭の回転の速さで、人の気持ちを即座にキャッチ。あなたがいることで場がなごんだり、円滑に事が運んだという経験もあるのではないでしょうか。ただし、人の気持ちがわかりすぎる分、他人を尊重して、その場の雰囲気に合わせがち。ママ自身が発言力を磨いて、実際に何かをやり遂げる力を鍛えることで、子供も知・情・意を兼ね備えた子に育つでしょう。

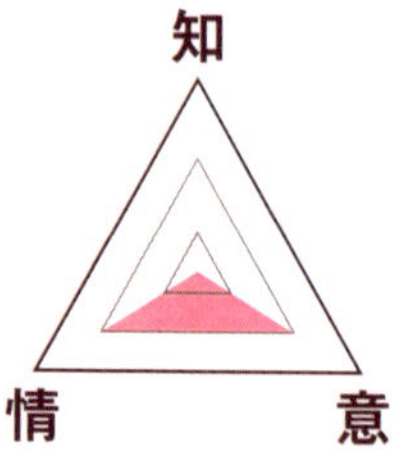

グッときたらGOサイン

感情即決ママタイプ

「情」と「意」を兼ね備えているあなたは、感情即決ママタイプ。人の話を聞いて感動したり、「それはいい！」と思ったりしたら、迷わず断行する意志の力を持っています。有言実行のため、多くの人に慕われ、愛されるのもこのタイプです。ただし、その場の情で決断する分、とんでもないことに巻き込まれてしまう危険性も。知性を磨いて、冷静に分析する力も兼ね備えることで、さらに幅広い層に慕われる“あげママ”になれるでしょう。

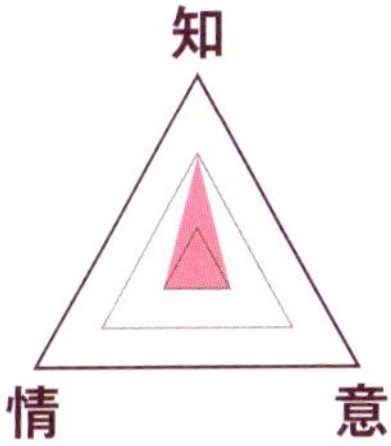

とにかく学ぶのが好き

学者ママタイプ

「知」特化型のあなたは、ズバリ学者ママタイプ。念入りな情報収集と正確な判断力を持ち、周囲からも頼りにされているはずです。しかし頭が切れる分、子供の弱点を即座に見抜き、的確すぎる指摘で傷つけてしまうことも。また失敗を恐れて、新たなチャレンジを避ける傾向もあります。ママ自身が「無理かも」と思うことにも挑戦し、自分の器を広げていくことが“あげママ”への道といえるでしょう。

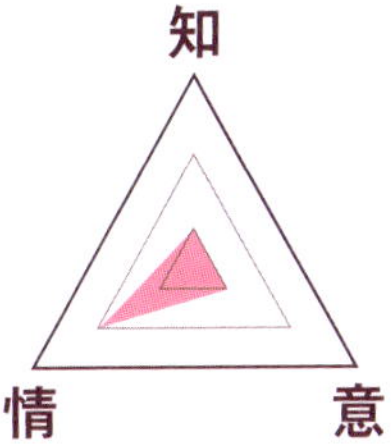

情に厚くて涙もろい

友達たくさんママタイプ

「情」特化型のあなたは、友達たくさんママタイプ。社交的で初対面でも円滑に人間関係を築く力を持っているようです。しかし、ともすれば、人と繫がっていないと不安になったり、SNS依存症などになる可能性も高いといえます。子供とゆっくり過ごす時間を取ったり、ママ自身が目標を持ち、ひとつのことに打ち込むことで、子供を導く力が鍛えられ、一本芯の通った“あげママ”に近づいていけるでしょう。

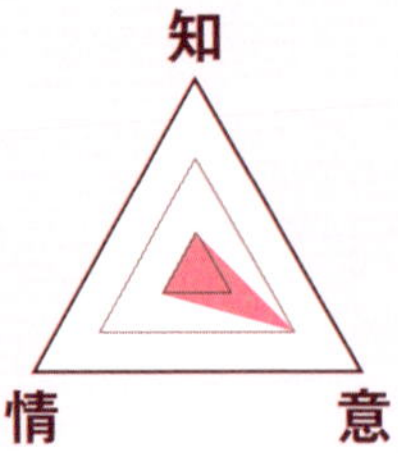

自分が信じる道を進む

即断即決ママタイプ

「意」特化型のあなたは、即断即決ママタイプ。自分の直感に従って、物事をズバッと判断する力を持っています。物事を前進させていくリーダーシップがある一方で、人の意見を聞かず、頑固に押し通すところもあり、ともすれば頭ごなしに子供を叱ってしまうことも。きちんと子供の意見を聞いて尊重したり、冷静に判断するよう心掛けることで、子供を伸び伸び育てられる“あげママ”になっていくでしょう。

memo

大川隆法ベストセラーズ
女性のための“大和撫子”霊言シリーズ

女性リーダー入門

卑弥呼・光明皇后が贈る、現代女性たちへのアドバイス

卑弥呼と光明皇后が、「公開霊言」に降臨。悩める女性たちに、女性の強みを生かし、現代を生き抜くヒントをアドバイス。

1,200円

豊受大神の女性の幸福論

日本女性の美徳とは？ そして豊かに幸せに生きる秘訣とは何か。日本の女性が、忘れてはいけない「大和の心」が生きる一冊。

1,500円

北条政子の幸福論 ―嫉妬・愛・女性の帝王学―

社会での成功から、家庭での幸福まで。北条政子が成功をめざす現代女性のための“幸福への道”を語る。

1,500円

大川隆法ベストセラーズ
アイム・ハッピーBOOKS

10の法則と実践Q&Aで
自分も周りも輝かせる
「あげまん妻」に！

1,300円

夫を出世させる「あげまん妻」の10の法則

「夫に悩みを聞いてほしい」「仕事が忙しくてストレスフル」「子育てに関して悩みがある」——そんな女性に読んでほしい一冊。これから結婚したいあなたも、家庭をまもる主婦も、社会で活躍するキャリア女性も、パートナーを成功させる「繁栄の女神」になれる！あなたの「あげまん偏差値」をアップさせる、とっておきのヒントがこの中に。

※表示価格は本体価格（税別）です。

大川隆法ベストセラーズ
アイム・ハッピー BOOKS

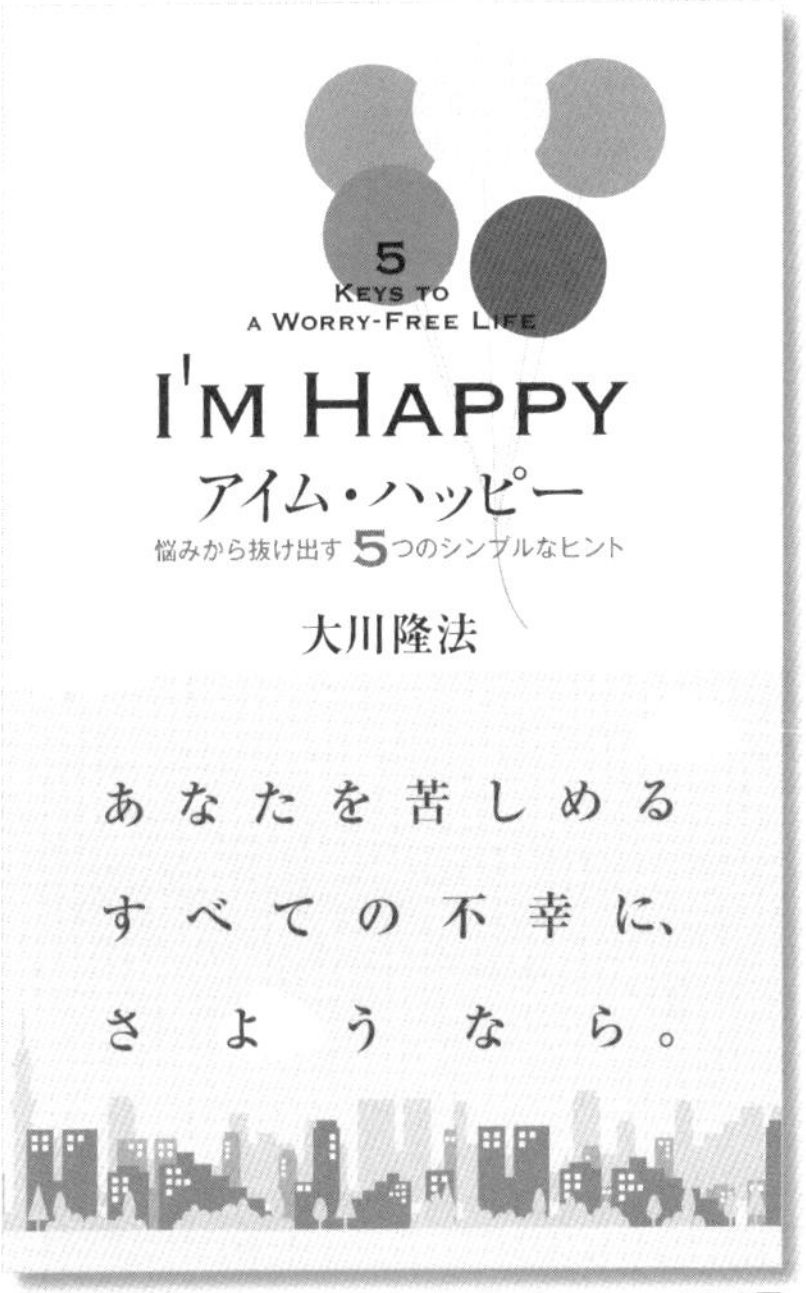

1,500円

アイム・ハッピー
悩みから抜け出す５つのシンプルなヒント

「最近、何をやってもうまくいかない」「がんばってるのに認めてもらえない」「忘れられない失敗や許せない人がいる」「環境や周りのせいにして言い訳ばかり」……でも、どんなときだって幸せになる方法は必ずあります。５つのヒントと実践ポイントを身につけて、心から「アイム・ハッピー」と言える人生に！

大川隆法ベストセラーズ
子供のために読みたい、読ませたい

じょうずな個性の伸《の》ばし方

お母さんの子育てバイブル

胎教《たいきょう》、幼児教育、体罰としつけ、反抗期、障害、ADHD、自閉症……。子育てに奮闘する、すべてのママに贈る一冊。

1,400円

子どもにとって大切なこと

強くたくましく生きるために

親子で読みたい、「強く」「優しく」「賢く」育つ、子供のための成功論。躾や勉強の習慣化に役立つヒントがいっぱい!

1,400円

※表示価格は本体価格(税別)です。

大川隆法ベストセラーズ
親子で読めば幸せいっぱい

1,200円

1,200円

1,200円

1,200円

しあわせってなあに
第1巻〜第4巻

多くの親子に愛されてきた「しあわせってなあに」がリニューアル発刊。心の大切なことが学べる絵本シリーズ。

大川隆法ベストセラーズ
心に元気をチャージしたいときに！

1,200円

ティータイム
あたたかい家庭、幸せのアイデア25

親子のスピリチュアルな縁《えん》、家族でできる脳トレ、幸せな熟年夫婦になる方法――。優しい家庭をつくるアイデア集。

1,200円

コーヒー・ブレイク
幸せを呼び込む 27 の知恵

ニコッと笑うとオーラが出る？「赤い糸」が切れてしまったら、どうする？「幸せ」を呼び込む、毎日のちょっとした習慣。

1,200円

アイム・ファイン
自分らしくさわやかに生きる 7 つのステップ

“人間関係” や “自分の欠点” といった悩みが幸福の種に。いつだって「アイム・ファイン！」とニッコリ笑える秘訣《ひけつ》が満載。

1,200円

ハウ・アバウト・ユー？
幸せを呼ぶ愛のかたち

あなたを不幸にする「偽物《にせもの》の愛」から、幸せを育む「本物の愛」へ。「心のスイッチ」を切り替えるためのヒント集。

※表示価格は本体価格（税別）です。

大川隆法ベストセラーズ
幸せな家庭をつくりたいあなたへ

幸福のつかみ方
女性のための幸福論

恋愛、結婚、家庭、仕事。現代のあらゆる悩みに答えた、女性が主役の幸福論。幸福になるためのきっかけがここに。

971円

幸福へのヒント
光り輝く家庭をつくるには

子供の非行、夫の自殺、家庭内暴力、離婚、自己破産……。人には言えない家庭の悩みに苦しむ方へ、とっておきの解決策を。

1,500円

女性のための「自分」のつくり方
賢く成長する秘訣

大川紫央　雲母　共著

幸福の科学総裁夫人と若手女優・雲母が対談。勉強、恋愛・結婚、就職・仕事、人間関係など、女性が賢く成長するためのヒントが満載！

1,300円

大川隆法ベストセラーズ
明るい人生を作るためのシリーズ

人生に勝つための方程式
逆境や苦難をプラスに転じる秘訣

家庭を持つ女性にとっての人生の勝利とは？ どんな逆境からでも成功を目指せる、まったく新しい成功学。

1,500円

人生の迷いに対処する法
幸福を選択する４つのヒント

結婚問題、職場の人間関係、身体コンプレックス、親子の葛藤。誰でも一度は迷いこむ、人生の問題を解決へ導くヒント集。

1,500円

※表示価格は本体価格（税別）です。

大川隆法ベストセラーズ
神秘的な魅力を持つ女優たちのホンネとは?

魅せる技術
**女優・菅野美穂
守護霊メッセージ**

確かな演技力と自然体が魅力の菅野美穂さん。自身の演技スタイルから堺雅人さんとの結婚秘話まで、守護霊インタビュー。

1,400円

女優・北川景子
人気の秘密

一瞬で人々を魅了する、北川景子のスピリチュアル・ビューティー論。モデル業と武士道の意外な関係って?

1,400円

景気をよくする人気女優
綾瀬はるかの成功術

綾瀬はるかの「天然」の奥にあるものを、スピリチュアル・インタビュー。あなたの人生にも役立つ成功の秘密が明らかに。

1,400円